AF578333

LENTE DEL CORAZÓN

Milickza Martínez

EDIQUID

LENTE DEL CORAZÓN

Inscripcion Departamento de Derechos Intelectuales
Poemario Lente del corazón: N° 2023-A-11855
Audiolibro Lente del corazón: N° 2023-F-910

Editado por: Corporación Ígneo, S.A.C.
para su sello editorial Ediquid
José Olaya 169, Ofic. 504, Miraflores. Lima, Perú
Primera edición, mayo, 2024

ISBN: 978-612-5142-74-0
Tiraje: bajo demanda

Hecho el Depósito Legal en la Biblioteca Nacional del Perú N° 2024-04352
Se terminó de imprimir en mayo de 2024 en:
ALEPH IMPRESIONES SRL
Jr. Risso Nro. 580 Lince, Lima

www.grupoigneo.com
Correo electrónico: contacto@grupoigneo.com | Teléfono: +51 955 071 270
Facebook: Grupo Ígneo | X: @editorialigneo | Instagram: @grupoigneo

Ilustración de portada: Javiera Ignacia Ureta Madrid

Colección: Nuevas voces

Índice

Escanea este código QR para acceder al
Audiolibro del poemario *Lente del Corazón.*
Narrado por: Milickza Martinez Maldonado
Música: Javier Pizarro Domínguez
Sonido: Matías Rojas Gálvez

Prólogo

(...) Abuelita...
La recuerdo con amor,
Ayúdeme a no sentir mi lengua atorada del callar frente a la vida,
ayúdeme a saber esperar momentos,
Ayúdeme y perdóneme
Por quizá no escuchar los avisos de mi inconsciente
Perdóneme si en algún momento no he seguido sus consejos
Hoy tengo la oportunidad de vivir, aunque desfallezco en sensibilidad,
aunque desfallezco por mirar atrás (...)

Millickza Martínez abraza de forma directa su experiencia de vida, así como todas esas vivencias que le ha tocado experimentar o escuchar. Este poemario lo dedica a su abuelita, quien falleció en el 2013. El amor que le tenía, de alguna manera, se ve reflejado en su título, *Lente del corazón.*

En el año 2012 obtuvo el premio comunal de San Antonio Chile, publicando su primer libro Nostalgia. En el año 2016 publicó el libro *Búsqueda Helicoidal. Lente del corazón,* su segundo trabajo literario. Con él, Martínez ganó el premio FICSA en la provincia de San Antonio, Chile. En mayo del 2024 publicó la obra Lente del corazón, un poemario con audiolibro incluido. La ambición de su autora la llevó a explorar otros formatos, cada vez más cercanos a lo que la modernidad exige. De allí que su audiolibro ofrezca una experiencia enriquecedora: al estar grabado por sí misma, Martínez se asegura de que sus poemas cuenten con una lectura sonora precisa, cargada de expresividad literaria y acogedora.

A su vez, el audiolibro tiene una función muy importante para su autora: llegar a aquellos que no pueden leer.

Aún con los avances tecnológicos y una sociedad que exige, cada vez más, alfabetización para todas las personas alrededor del mundo, su experiencia como docente y profesora de Filosofía la ha llevado a darse cuenta que hay quienes necesitan un poco más de ayuda: gente que no sabe leer ni escribir, o que tiene problemas de visón y que se ven relegados por la tecnología tan cambiante, selectiva con sus usuarios. Este poemario también está destinado a ellos, convirtiéndose en una ventana, una hermosa oportunidad de comprender la expresión de la literatura y la poesía.

Lente del corazón

Búsqueda helicoidal expresada poéticamente

«Entre caminos, recuerdos y vivencias de arcoíris»
(A un paso de esta fase).

El ser de lo incorrecto,
el sol de la verdad,
cuestionable realidad.

Búsqueda helicoidal de la esperanza

Le acompaña día a día,
le ve desde la magia

...Color...
...Arcoíris translúcido...

Permanecer frente al diluvio,
Impavidez e inamovilidad

...Cariño...
...Esperanza del siglo pasado...

Espaldas de adolescencia,
bajo la permanencia,
más allá de la existencia

...Unicornios...
... Sirenas...

Deidades griegas en transparencia,
entes de transportación

Otra dimensión,
dimensión del sueño
...Eterno sueño...
...La vida...

Transformación del karma en Dharma,
interior del mismo arcoíris,

siglo de ilusión y conocimiento

...adultos...

Conservar la niñez,
filosofía del asombro por la vida

... y...

Florecer en el crepúsculo del recuerdo

... y...

Nostalgia del ayer en el presente

...sueño del amanecer...

Después del día conocer el amor

...Querer...

...Permanecer...

Pintura

Imagen de siluetas rojizas,
Imagen de colores dorados,
Imágenes fuertes

.... Anaranjadas...

Tapices amarillos le han formado,
blanco diáfano, en la pared,
ficus en la esquina

...Momento en la vida...

Instante sin desierto,
color, color

...Música del color....

Lo que acaece,
lo que se levanta.

Destino de libertad

...Libertad de...

...Amar...

Sentidos

Esperanza,

Regreso, reencuentro

...Y...

Pensar, fluir en infinitas palabras,
que se dan en un arcoíris

... Alegría...
...Sollozos...

...Emoción...

Oración de vida, amor

...Canción...

Acongojada

Bajo el sol te entrego esta rosa de purificación,
un día en un sueño esperaba con amor,
niños aún (esto me llamaba):

Decir más allá de un te quiero,
una liberación del cosmos al microcosmos interior

...Una llamada del corazón...

Ahora corro dejando esta flor,
corro tras estas teclas dejando esta canción,
corro tras este día inundada de ilusión,
espero tranquila y con razón.

...Siento la llegada...

corro, corro y encuentro en esta pantalla,
buscar

...y...

descubrir

en

...Esta rosa...
...el amor de...

...Arcoíris...

...En esta llamarada...

Vivencia y pasión.

Vivencia

A cada instante la lluvia,
recordar lo vivido,

Sin diluvio y con razón.
Aquello que da vueltas y enloquece el permanecer sin razón.

Por días, por años,
por un siglo permaneciendo,

Decir la verdad

«Querer a muchas personas, estimar a muchas personas, pero
alguien puede ser una estima más allá».
Ahora, querer aún más.

«Enfrentarse al presente nostálgico de ver,
nostálgico de conversar »

sin humos diluidos, sin espantos desenfrenados,
con calma, dar calma

...Tranquilidad...

...Paz...

...Armonía...

Arcoíris real y subir por el camino,
haber bajado en un momento

... Y...
Querer volver a subir.

Dos enamorados...
Dos enamorados

Perdidos bajo el llanto,

historia, encuentro esperado, día insospechado.

...Aquí sintiendo el llamado...

Desde el corazón, vuelve la razón al camino

dejar de temer a otro destino.

Escribir, hoy volver, hoy reflejar, hoy recordar,

...Hoy, hoy, hoy...

...Esperar...

... Soñar...

Letras

Traspasan la mirada

...Letras...

Traspasan la encrucijada.
Letras que traspasan el papel de estas teclas inocuas
...Y...

Se transforman en un declive de gotas,
que rodan por la ventana

...Espera en la vereda...
...Tras todo un siglo de caminos...

...Letra de canciones soñadas...
...Tras un siglo de camino...

...Intentando resolver el acertijo...

...Y...

...Presentir a la lejanía...

El

...Hallazgo...

Sin la partida.

«Más que preguntándome por la existencia de la entidad de lo incierto.

El ser de lo incorrecto, el sol de la verdad, cuestionable realidad »

...Hacia la inmortalidad de lo trascendental...

Desconcierto

Quizá el camino estuvo perdido,
ahora rescato mi esencia, lo querible del destino,
mi unidad, mi ser,
mi existencia

...Vivir...
...Vivir...
...Vivir...

Solo la vida llega,
Entre las eternas bifurcaciones del sinsentido,
Aún siento que llegará el momento incierto

Esperado

...Más allá...

De
Lo
Divino.

¿Será tan así?

Comprendo en su música tal sentir.

Margarita

La recuerdo como si fuera hoy, sus palabras sabias
...Su tierna mirada...
Su cariño y entrega por las personas
...Humanidad...
...Gran mujer y maestra de lo supra celestial...
Gran sabia, que me enseñó a levantarme frente al dolor
... Abuelita...
La recuerdo con amor,
Ayúdeme a no sentir mi lengua atorada del callar frente a la vida,
ayúdeme a saber esperar momentos,
Ayúdeme y perdóneme
Por quizá no escuchar los avisos de mi inconsciente
Perdóneme si en algún momento no he seguido sus consejos

Hoy tengo la oportunidad de vivir, aunque desfallezco
en sensibilidad, aunque desfallezco por mirar atrás.
Quiero que mi pasado se transforme en un presente iluminado,
Le pido que desde el cielo me acompañe, que desde el cielo me
ayude frente a Dios en las buenas energías,
...Que abogue por mí...
Por mis buenos sentimientos
... y...
Quiero ser feliz, reitero. La amo, abuelita, y siempre la amaré,
hasta la infinitud
del
...Ser....
... Arcoíris del permanecer...

Abrazar

Amar lentamente,
Cuerpos que se hacen uno en el desliz de lo confuso

...Piensa...
...Sentir...
...Vivir...
...Soñar...

Más allá del más acá
En el principio y el fin del camino

... Espaldas...

...Otro yo...
... Otra parte del corazón...

...Hablar del profundo amor,
Asentir con la entrega

...Adultos con juventud y alma de niños...

Solo en su pesar,
la adolescencia aún existe,
la adolescencia aún sigue en un fluir indomable

...Asombro de niños...

... Renacer del sentimiento del amor...

...Afirmar y confirmar...
...Compañerismo...

Fidelidad de libertad,
independiente de la situación

Pensar y teletransportar,
en el mismo sueño, en ese instante,
nuevamente recordar,
enfocándose en la aparición.

Como diluidos entre sus dedos de arena,
Se transforma en agua
...Que él un día conoció...

...Que ella un día bebió...

Descansar.

Descansar

En su pieza, bajo su lámpara,
ella vive su presente, el incierto camino, el ilógico y lógico a la vez destino,
lo irrealizable de lo vivido, el sueño no perdido,
la esperanza del futuro del ayer, el creer y crecer en el ser...

ella imagina niños que bailan haciendo círculos en la nieve,
rondas por doquier, alegría, fuente de vida,
sol que ilumina desde su corazón...
sol verdadero, no del perdido, no el de la caverna, no el de lo velado...

¡Sí el del Topos üper ouranós !

Lo que llega más allá de la vida,
su luz interior, él recuerda con sonrisas, con cariño en el alma a su verdadera hada,
que conoció entre los árboles, cuando jugando a ser adolescentes,
dos niños se enamoraban con el respirar de la naturaleza,

Con la nobleza, limpios de toda mancha,
limpios de oscuridad, sanos de cuerpo, mente, alma y espíritu,
Ahora ella escribe estas palabras, él las lee,
su sueño prometido comienza a ser cumplido

Su sueño prometido llega más allá de lo vivido, la existencia,
más acá y más allá de volar y planear como aves,
ella llega a ser una hermosa sirena, refugiada por Neptuno,

Hija de Zeus en el mar, hijo de Zeus en la Tierra,
Ambos, distintas creencias, ambos, distintas conexiones,
pero desde ya vuelven a encontrarse y reencontrarse,
para plasmar sus pensamientos en lo simple de lo acaecido

Se vuelven a levantar, replantean su actuar,
el tiempo les da otra oportunidad...
él y ella deciden volver a soñar,
más allá del mar en amar

... Y...

Sigue el arcoíris.

Despertar.

Recuerdo

Ha hecho que su corazón se vuelva insensible,
que su lengua se atore en su garganta,
que el sol disminuya su poder en el viento,
viento que fluye tras los abismos de los puentes en la oscuridad
del vacío,

vacío en el que la han dejado caer,
vacío del cual ahora él la levanta,
vacío del espejismo del fantasma,
del oculto amanecer,

día en que le vi soñando en ilusión, día que le vi caminando,
más allá de la magia...
noche eterna, día eterno, momento incierto,
ahora se levanta, reacciona, gotas de rocío lavan su cuerpo y él;

vive, le da la mano, la invita a caminar,
llegan a un lugar soñado,
ya es de día, se ha ido, ya es de día, despierta
y siente que no existe,
solo vive el sinsentido...

Se ha ido el diluvio, sale el sol...
la lengua se desenreda, cual marfil de cristal en el capullo de una
hermosa mariposa,
que se transforma en un ave de múltiple evidencia,
que los ve sin que ellos sepan,

como cómplice a lo alto de la naturaleza...
cariño, vida, ilusión,
... magia del corazón....
ahora ella siente,

tu hada interior.

Sigo recordando a Margarita

Luz viene a mi ente y a mi ser, al recordar su nombre sin olvidos,

...Magia...

Atardecer con un sol que se transforma en una eterna luna,
con estrellas del firmamento divino,
palabras enunciadas por usted,
reiterando que el amor se acerca hacia mí,
para estar conjugando y transportando intelectos en un sinfín de cariños

...Sin reproches...

...Sin preguntas...

solo abrazándome fuertemente, más allá de la distancia cercana, que ha hecho ocultar lo querido, que ha hecho permanecer en sentimientos y recuerdos, la proyección en el presente,
mas le he preguntado, eterna y sabia vidente,

¿Ha quedado atrás todo el conflicto?
Usted responde en sus últimas palabras:
Mi niña, su amor está a punto de llegar. Si usted ama de verdad, el amor va a llegar

Asiento con la mirada y sigo el consejo de mi gran Maestra, que recuerdo con el corazón en el alba divina.

Hoy me doy cuenta que el amor está en cada alma
De la vida.

Tren

Sin olvidos de la magia del recuerdo,
me aferro a ti, para que me dejes en armonía,
más allá de la luz, acá al lado del bosque,
junto a hadas, tras la iluminación,
en conjunción con las estrellas,
con aquella luz que ilumina el camino, vivir lo sentido,
renacer bajo el momento del olvido,
acrecentar el despertar incierto del camino.

Reencontrarme, por medio de la música en alegría.
Por medio de la sonrisa.

Lo querido
Corre y me dejas,
corre sin sorpresas,
en frente de la mar de mi puerto soñado,
puerto de vivencias en coalición con la fortaleza,
en coalición con los principios de Marx...

Delimitando sin olvidos el presente incierto, se va la lucha,
queda la armonía, tren corre, corre...

Hoy me dejas acá en casa,
al lado del bosque,
mirando esta estrella,
que ilumina el arcoíris y
... El camino...

Las flores renacen tras lo que se eleva...
Los ángeles y los arcángeles,
las ven convertidas en grandes seres de luz,
que iluminan el devenir que ya no acaece,
sino que traspasa lo divino, que se asemeja sin olvido, que se construye en el presente,
que se deconstruye sin culpas

... ¿Alguien lo comprende?...
en la tierra ellos lo comprenden... ellas lo entienden...

Mas quizá existe un ser que la entienda a ella por sí sola,
que la cobije con su abrazo, que la cobije en su regazo, que le dé aliento...

Ella sabe que si el sol, la luna y lo más gigantesco de la eternidad
se ven envueltos en la gran sabiduría del cosmos
hacia el microcosmos de la entidad del ser interior,
sabiduría, así ha de ser, así ha de sobrevivir;

Los harapos que alguien dejó en su corazón,
que hoy se convierten en hermosas sedas,
en hermosos cristales, cual aguas de color azul cristalino,
de color que embriaga el camino del destino,
solo por ser ella misma, solo por estar sosteniendo con energía,
lo que se convierte en burbujas de niña,
que le hacen sentir el asombro de la vida,

La sabiduría de la inocencia,
La alegría de la conciencia...
Los pasos, los conjuros se han convertido en armonía,
en luz de amor que se enciende en la energía de vitalidad,
del amor,
todo se resuelve con el crepúsculo del cristal,
que se reconoce en el nuevamente.

Pasado, Futuro, Presente.

Amanecer que traspasa la puerta
en la eterna escalera
hacia la luz

...Bendición...

Caminan en el pasado futuro presente

Quizá cuando el aire refleje el gran vivir del sentir
más allá del camino,
Más acá del ser,
en el vaivén del pernoctar cuando el diluvio se dispersa...

Ellas caminan bajo el momento de la presunta vuelta angelical
Mas,
el cariño se inunda de instantes y recuerdos en el

Pasado, Futuro, Presente.

¿Qué pasó?...
Nadie lo sabe, tal vez alguien lo pueda comprender,
tal vez alguien lo logre captar,
tal vez en un infinito punto en el espacio,

Se disperse más allá del caos.

Regalo para ellas y ellos

La vida le ha enseñado a ella a caminar bajo la luna.
sentir la lluvia en su sien.
palpitar más allá del olvido.

Creer en los cinco sentidos
caminar sobre el camino...
Elevar la mirada hacia el cielo,
transportarse en las estrellas con una mirada que llega a ser más allá que

...ínfima...

... en una mirada que llega a ser translúcida...

irrecuperable ella vive día a día el presente, lo hace consciente,
sobre el día a la noche, tiene el poder de acercar el sol con la luna...
bajo sus dedos en ese papel, escribe sus versos,

canción de emoción
(dice él en su interior).

Ella lo abraza a la distancia, recuperando el olvido...
renace lo vivido.

Él relee sus escritos, la recuerda a la distancia, la aprecia;
Ambos reconociendo su ignorancia en el amar,
se equivocan una y otra vez.

Caen,
caen,
caen,
caen,

...Cual Altazor...

se triplica el amor, se
llega al séptimo elemento...
se sube al cielo, ella sube escaleras de luz
él la observa en el mismo

...Cielo...

Otros poemarios de la editorial

Amante. Amor fugaz soledad perenne (Ovidio Urbano Martínez)

Sentimientos (María Laura Bove)

Realidades (Carolina Salazar)

Todas las manos (Mario Rucci)

www.ingramcontent.com/pod-product-compliance
Lightning Source LLC
LaVergne TN
LVHW091242150826
845673LV00003B/1260

9786125142740